LA STATUE

DE

NOTRE-DAME DE CONFESSION

HISTOIRE ET ICONOGRAPHIE

Regina Martyrum

Se vend au profit du Souterrain

PRIX : 50 CENTIMES

MARSEILLE

SOCIÉTÉ ANONYME DE L'IMPRIMERIE MARSEILLAISE

MARIUS OLIVE, DIRECTEUR

39, Rue Sainte, 39

1884

La Statue de Notre-Dame-de-Confession

LA STATUE

DE

NOTRE-DAME DE CONFESSION

HISTOIRE ET ICONOGRAPHÍE

Regina Martyrum

Se vend au profit du Souterrain

Prix : 5o Centimes

MARSEILLE

SOCIETÉ ANONYME DE L'IMPRIMERIE MARSEILLAISE

MARIUS OLIVE, DIRECTEUR

3g, Rue Sainte, 3g

1884

LA STATUE

DE

NOTRE DAME DE CONFESSION

ARSEILLE, grâce à un passé historique tout particulier, est aujourd'hui, mieux que beaucoup d'autres localités, en mesure d'offrir, à l'édification des fidèles aussi bien qu'à l'étude des savants, une vieille statue qui a conservé dans sa pose, dans ses formes et jusque dans sa dénomination, les caractères les plus primitifs de la Vierge Marie ; de notre plus puissante assistante auprès de Dieu.

En effet, suivant la tradition religieuse de Provence, tradition de jour en jour accueillie d'une manière plus favorable par les personnes qui cherchent la vérité, Marthe, sa sœur Magdeleine et leur frère Lazare, bannis de la Judée et livrés à la fureur des flots de la mer, vinrent aborder sur les rivages des Massaliotes ; peu de temps après que Celui qu'ils avaient si bien appris à aimer, durant sa vie mortelle, eut été élevé en croix pour la rédemption du genre humain.

Marthe, à peine débarquée, se mettant à parcourir la vallée du Rhône, pour convertir les populations à la foi nouvelle, dressa l'Image de la Vierge Marie sur le rocher d'Avignon, à l'endroit où nous admirons, encore maintenant, l'antique église de Notre-Dame des Doms. Par cet acte solennel, Marthe affirmait que, dans sa conviction, il n'y avait pas de moyen plus sûr et plus prompt d'arriver au cœur du Christ, si ce n'est l'hommage à rendre à sa divine Mère (1).

Magdeleine et Lazare qui avaient les mêmes sentiments religieux que Marthe, leur sœur, ne peuvent pas avoir agi d'une manière différente à Marseille, dont l'Apostolat leur était réservé. Ainsi, une Image de la Vierge Marie a dû présider à leurs premières prédications, sur les places publiques de la Cité, jusque dans le voisinage de l'Ephesium. Il est même raisonnable de croire que cette Image qui, dans le travail intellectuel de bon nombre de néophytes, était appelée à prendre bientôt la place de la statue de Diane, du Palladium du pays, n'était pas dépourvue de mérite artistique.

Lazare, dit la tradition, étant entouré de ses disciples, et devenu le premier Evêque de Marseille, une réaction du Paganisme se manifesta

---

(1) Le culte de reconnaissance accompli par les Provençaux envers la Vierge Marie, encore vivante, est attesté par l'inscription : *Hoc sacellum dedicatum fuit Dei paræ adhuc viventi :* découverte au XVII⁰ siècle, sur un marbre, dans les cryptes de la célèbre église de Notre-Dame des *Aliscamps* (les champs eliséens du paganisme à Arles) et envoyée Rome, au Vatican, par le cardinal Barberini.

assez fortement pour rendre impossible les réunions sur la rive droite du Lacydon. Il fallut pour jouir de quelque liberté, adopter alors, comme lieu de réunion, de l'autre côté du Lacydon (du vieux Port), une tranchée profonde attenante à une grotte (1).

Lazare a célébré les saints mystères dans cette grotte pendant que, les fidèles, qui n'avaient pas pu trouver place dans la grotte, étaient prosternés, à son entrée, dans la tranchée qui en devenait comme l'*atrium*. On dit également, au sujet de cette grotte, que Magdelëine y continua, quelque temps, la vie pénitente commencée si sévèrement en Orient, et devant finir d'une manière non moins austère, en Provence dans le désert de la Sainte-Baume.

La grotte, après cette double consécration, ne tarda pas à devenir une des dépendances d'une petite basilique. des plus complètes, que les premiers chrétiens construisirent au fond de la tranchée, et sur toute sa superficie.

Cette petite Basilique qui, du fond de la tranchée, arrivait en élévation seulement à fleur de terre, se trouvait désormais le point central de véritables catacombes, à la porte de Marseille.

Si l'Image de la Mère de Dieu, préposée dès l'origine à la vénération des Massaliotes avait pu être conservée, malgré les épreuves de cette époque, elle dût occuper la place d'honneur dans la Basilique Souterraine. Et à défaut, cette place revint de droit à la statue qu'un Artiste local eut à ciseler, sous l'inspiration des premiers chrétiens, pour succéder dignement à la statue primordiale. — On est fondé à l'induire de ce qu'il ne reste, pour cette Basilique, aucune trace d'un vocable des plus anciens, ne se rapportant pas à la seule Vierge Marie.

C'est à peu de distance, de cette Statue de la Vierge entourée du respect des fidèles depuis plus ou moins de temps, que l'on vint ensevelir la nuit saint Lazare ; l'Evêque mis à mort par les païens en confessant sa foi en Jésus-Christ, fils du Dieu vivant.

C'est encore, dans ce pieux voisinage que, trouvèrent successivement leurs tombes, tous les Chrétiens. qui furent immolés à Marseille, pour avoir refusé de sacrifier aux idoles. Parmi ces Martyrs on remarque surtout saint Victor, militaire romain, et ses compagnons.

La présence de la Statue de la Vierge-Marie, au milieu de l'accumulation de *loculi* et d'*arcosolii*, contenant les restes des Chrétiens ayant affirmé, à Marseille, leurs croyances religieuses au prix de leur vie, lui

---

(1) La tranchée et la grotte dont s'agit, creusées l'une et l'autre dans la molasse calcaire pouvaient, dans leur ensemble, former un Hypogée appartenant à quelque néophyte, ce qui permettait de profiter des immunités attachées par les lois païennes aux lieux de sépulture ; une supposition semblable est d'autant plus fondée, que des fouilles dans tous les environs ont, à diverses époques, mis au jour des tombes des plus anciennes.

valut sans retard la précieuse et particulière dénomination de *Notre-Dame de Confession* (1).

Pour les personnes qui n'ont pas un peu médité sur le mérite de nos Origines Chrétiennes, il existerait quelque chose d'insolite, dans le rapprochement, de l'Image de la Vierge Mère de Dieu, avec les tombeaux des Martyrs à Marseille. — Nous nous empresserons de rassurer ces âmes timorées en les renvoyant aux derniers travaux du P. Marchi et du Commandeur de Rossi, afin qu'elles puissent reconnaître que, les idées des premiers chrétiens de Rome, étaient les mêmes que les idées des premiers chrétiens de Marseille. — Les images de la Vierge abondent dans les Catacombes de Rome ; elles se trouvent au-dessus ou à côté des sépultures. — De ce nombre n'est pas la simple figure de femme que l'on pourrait prendre pour une *orente* ou le symbole de *l'Église*, si le mot *Maria* n'était pas écrit au-dessous. — On compte par centaines, dans les cimetières souterrains, les représentations de la Mère de Dieu, celles surtout où elle est ici peinte et là ciselée *avec son fils sur les genoux.*

« *La plus antique de toutes* (dit le Commandeur de Rossi), celle
« trouvée dans le cimetière de Priscilla, ce cimetière particulier des
« hôtes de Saint-Pierre, *date de la seconde moitié du premier siècle*
« ou, au plus tard, des deux premières années du second siècle, exé-
« cutée par conséquent presque sous les yeux des Apôtres. — *La*
« *Vierge Marie y est représentée assise, la tête à demi couverte par*
« *un voile court,* portant dans ses bras *l'enfant Jésus qui se retourne*
« *vers le spectateur.* — En face de Marie est *un homme* debout, vêtu
« d'un pallium qui laisse à nu son épaule droite : il tient à la main
« gauche un *volume roulé,* et de la main droite il indique *une étoile*
« placée au-dessus de la Vierge (2). »

Nous avons souligné en caractères italiques les paroles de M. de Rossi qui sont applicables à la statue de *Notre-Dame-de-Confession* de Marseille, et qui méritent d'être étudiées comme nous aurons occasion de tenter de le faire dans un moment. En attendant, nous allons reprendre le récit des faits locaux.

Dès que l'Évêque, successeur de Lazare, fut libre de remplir ses fonctions, au dehors des Catacombes de Marseille, ou mieux dès que le

(1) Le mot *confessio* est celui qui a été le plus anciennement employé pour désigner et caractériser le lieu où reposèrent les chrétiens, mis à mort pour avoir affirmé leur religion devant les païens, au milieu des plus cruelles tortures ; ce mot aurait aussi servi primitivement à désigner le supplice lui-même.

Martyrium, le synonyme de *confessio*, dans l'un et l'autre cas, n'a été en usage que plus tard.

De *confessio.* on a fait à Rome, *confession*, ce qui permet de dire : *confession de Saint-Pierre et de Saint-Paul*, pour signaler l'emplacement des tombeaux de ces deux grands Apôtres.

(2) M. de Rossi croit voir, dans l'homme debout devant la Vierge. le Prophète Isaïe, dont la pensée religieuse, unie à celle de la Mère du Sauveur, apparaît dans d'autres monuments des Catacombes. — Pour élucider ces questions, et pour faire bien connaître la plus ancienne Vierge-de-Rome, il faudrait avoir sous les yeux les belles planches jointes à l'ouvrage cité.

Paganisme cessa d'être la *Religion de l'Etat*, une Cathédrale, dédiée à la Vierge, *Notre-Dame-de-la-Major*, s'éleva sur l'emplacement même de l'*Ephesium*. — Marie fut honorée dans tout le Diocèse de Marseille dont elle devint la patronne la plus incontestablement reconnue.

Le sanctuaire de *Notre-Dame-de-Confession*, foyer de cet épanouissement chrétien, continua à être visité, et les âmes les plus charitables vinrent y soumettre à la *Reine des Confesseurs*, à la *Reine des Martyrs*, leurs plus généreux projets, avant de les accomplir.

Jean Cassien au V⁰ siècle, se proposant de relever le niveau des Études Chrétiennes, à Marseille, demanda et obtint de l'Evêque, l'autorisation d'entourer nos Catacombes des batiments d'une vaste Abbaye. Cette Abbaye devint Chef d'Ordre ; elle avait pour première patronne la Vierge Marie, et saint Victor n'était que le second patron.

Les *Cassianites* de Marseille furent l'objet de grandes donations de terres et biens fonds dans les environs de la ville et au loin — Ils les mirent en culture par eux-mêmes ou par des colons.

Partout où les restes de la *Cella*, d'une *villa* gallo-grecque ou gallo-romaine, furent retrouvés par eux, ils y substituèrent une Chapelle, dédiée le plus souvent à la Vierge Marie, et par exception, à la fois, à Marie et à saint Victor ou à saint Victor seul. — La prospérité de ces premiers Moines et de leur Abbaye fut grande, jusqu'à l'époque où les Sarrazins envahirent nos contrées, à la veille du règne de Charlemagne.

L'Abbaye pillee et dépeuplée n'était plus capable d'abriter alors que des bêtes fauves.

Dans ce désordre général les biens de l'Abbaye avaient été envahis par le premier venu. — Le Plaid de l'année 780 (n° 21 du cartulaire de Saint-Victor *imprimé en 1857*) a pour objet d'obtenir, sur la demande de l'Evêque de Marseille, la saine interprétation (des titres) *instrumentis sanctæ Mariæ et sancti Victoris* (1).

Un an après (781) n° 87 du dit cartulaire, de riches époux provençaux : Sigofredus et sa femme, s'efforcent de réparer les pertes de fortune de l'Abbaye à l'aide de donations considérables de biens fonds à Marseille, et dans les environs : Bedata et Carviliano.

Charlemagne (année 790, n° 7 dudit cartulaire) par Diplôme très explicite accorde de grandes immunités, et confirme les possessions du Monastère de Marseille : *quod est in honore Sanctissimæ semperque Virginis Mariæ.*

Les Evêques de Marseille continuent à être les protecteurs de l'Abbaye, qui est la plus grande illustration de leur Diocèse ; Wadaldus, en 817 n° 163 du cartulaire, réclame des biens des Cassianites situés à Arles.

En 822 n° 11 du cartulaire, Louis-le-Pieux, fils de Charlemagne, à la demande de l'Evêque de Marseille, reconnait en faveur de l'Abbaye les

(1) Même aux époques de prospérité, les Evêques de Marseille avaient eu à soigner les intérêts de l'Abbaye, car on les trouve réunissant, à leur titre Episcopal, celui d'Abbé de Notre-Dame et de Saint-Victor.

Droits Régaliens. les plus étendus à exercer par elle, dans une localité voisine du Rhône et du rivage de la mer : *Leonio*.

On voit, peu après, en 841, n° 12 du cartulaire, l'Empereur Lothaire confirmer et accroître les immunités et possessions : *Ecclesiæ, Massiliensis quæ est in honore Sanctæ Mariæ semper Virginis construta* (dit-il), *ubi sanctus Victor corpore requiescit.*

Il est impossible de mieux désigner le sanctuaire de *Notre-Dame-de-Confession.*

Le libéralités faites à l'Abbaye n'empêchaient pas de continuer la recherche des anciens droits de celle-ci, comme, au reste, le prouve la charte ci-après, portant que l'année 881 (n° 9 du cartulaire), Carloman, à la demande de l'Evêque de Marseille, fait restituer : *Ecclesiæ Massiliensis in honorem beatissimæ atque intemeratæ virginis Mariæ sanctique Victoris*, l'Eglise de Ciliano et ses dépendances.

L'acte le plus important de ce travail de rétablissement de la fortune domaniale de l'Abbaye, est assurément le Diplôme de l'année 904 (n° 10 du cartulaire), par lequel l'Empereur Louis, dit l'*Aveugle*, fils du roi Boson, confirme, en faveur : *Ecclesiæ Dei genitricis Mariæ et gloriosi martyris Victoris*, la possession souveraine du grand fief, dit vulgairement fief du Pin ou *Paradisus*, et en donne les limites de manière à comprendre la montagne de Notre-Dame de la Garde : *Sicut via que descendit a Guardia.*

Enfin, en l'année 965 (n° 29 du cartulaire), Honoré, Evêque de Marseille, frère de Guillame, Vicomte de la même ville, recourt au Comte Boson, fils de Rotbold : *ut res* (afin que certains biens) soient restitués : *Sanctæ Dei genitricis Mariæ sanctique Victoris.*

Mais, en même temps que ce digne successeur de saint Lazare achevait la belle œuvre de rétablir les intérêts matériels de l'Abbaye, il veillait de toute son âme, plus encore, à la Restauration Religieuse la plus entière, de cette même Abbaye.

Avant l'Episcopat d'Honoré l'on avait trop espéré du concours des Moines Cassianites pour redonner aux Catacombes de Marseille tout leur prestige, et pour faire de nouveau, de ces Catacombes, un grand centre d'édification. — En présence de résultats négatifs, il fallut mettre, à la place des Cassianites, des Enfants de Saint-Benoit.

Ainsi, vers le milieu du Xme siècle, les Bénédictins se trouvaient offrir le saint sacrifice, d'une manière bien suivie très solennelle, sur l'autel de Notre-Dame-de-Confession ; appelant les Marseillais journellement aux pieds du même autel, afin de leur donner les meilleurs conseils, les consoler et les encourager.

Guillaume-le-Grand, Comte de Provence, préparant alors le grand réveil de patriotisme dont le résultat fut de chasser définitivement les Sarrasins du Fraxinet, n'eût point peut-être de meilleurs auxiliaires que les Bénédictins établis à Marseille.

Le zèle et la ferveur de ces Religieux redoublaient, à mesure que le moment de la lutte armée approchait ; ils invoquaient la Vierge-des-Catacombes, lui donnant plus que jamais les affectueuses qualifications : *de Mère de Dieu*, de *vierge toujours vierge*, de *vierge sans aucune tâche*, qui se trouvent dans les chartes déjà citées.

Après le triomphe final sur les infidèles (972) ce ne fut plus des remercîments, des mieux sentis, adressés à *Notre-Dame-de-Confession* par les Bénédictins de Marseille (1) : ces moines se mirent à développper ouvertement, au dehors de leur Abbaye et même de la Provence, un tel zèle pour la Régénération Sociale qu'on leur confia, dès l'époque dite de l'an mille, en France, en Italie et en Espagne, des Abbayes, des Eglises Prieurales et des Chapelles, des plus nombreuses, pour les administrer temporellement et spirituellement.

Parmi ces Abbayes, ces Églises Prieuriales et ces Chapelles (d'après le cartulaire si souvent cité), celles dédiées à la Vierge Marie, et qu'on pouvait appeler les filles adoptives de Notre-Dame-de-Confession, atteignent le chiffre de deux cent.

Comme pour couvrir le sol d'autant de forteresses, contre tout ennemi du bien, on élevait alors, de loin en loin dans les campagnes des autels à la Vierge Marie ; on assurait leur entretien en leur adjoignant quelques fonds de terre ; et du tout, il était fait hommage, à l'autel de la Vierge Marie le plus saintement desservi dans le voisinage.

Une application des plus touchantes d'un tel usage résulte de la charte de l'année 1056 (n° 595 du cartulaire déjà souvent cité) où l'on voit des Vicomtes de Marseille donnant, à l'autel de Notre-Dame-de-Confession, les retranchements mêmes que leurs prédécesseurs ont contribué à enlever aux Sarrasins, près de Saint-Tropez ; retranchements au milieu desquels se trouve désormais une chapelle dédiée à la Vierge ; Notre-Dame-de-Miremar.

On ne saurait contester que pareille offrande est faite à la Vierge-des-Martyrs, de Marseille, car on lit dans la charte : *donamus Domino Deo sanctæ que Mariæ, Dei genitricis, altari quod est consecratum in cripta sancti Victoris Massiliensis monasterii* (2).

Aux personnes qui nous arrêteraient, à ce point de notre exposé, pour nous demander, si la statue de la Vierge, surmontant, dans nos Catacombes, l'autel, objet des faveurs des Vicomtes de Marseille, en 1056, était celle que les premiers Chrétiens y déposèrent — Nous répondrions,

(1) Les droits de la Vierge Marie à l'invocation particulière de Notre-Dame-de-Confession, à Marseille avaient reçu une consécration nouvelle, au VIIIᵉ ou au IXᵉ siècle, par l'ensevelissement, à côté des reliques de saint Lazare et de saint Victor, des corps des Religieuses Cassianites, (Eusébie et ses compagnes), martyrisées non loin de nos Catacombes, par les Sarrasins ou autres Barbares, au moment de la dévalisation de leur monastère particulier.

(2) Les Bénédictins appelés à Marseille par l'Evêque Honoré construisirent du Xᵉ au XIᵉ siècle la grande Eglise, que nous voyons encore maintenant, au-dessus des Catacombes qui, depuis lors, prirent la dénomination de *Cryptes*.

Les Bénédictins aussi, du Xᵉ au XIᵉ siècle, sans renoncer au patronage de la Vierge Marie, dans aucun de leurs actes, commencèrent à désigner leur Abbaye de **Marseille**, par le seul nom de **Saint-Victor** .

comme opinion personnelle, et après avoir protesté de tout notre respect pour les origines du culte de la Vierge Marie que, l'ancienne image, l'image primordiale de la Vierge à Marseille, avait dû être anéantie par les Sarrassins ou autres Barbares, quand ils dévastèrent de fond en comble, du VIII° au IX° siècle, l'Abbaye fondée par Jean Cassien et tous les établissements qui pouvaient en dépendre.

Dès lors (d'après nous), au X° et XI° siècle, on vénérait déjà à Marseille seulement, une copie de l'image de la Vierge des premiers chrétiens ; mais une copie conservant traditionnellement les caractères les plus précieux de la dévotion à la Mère de Dieu.

Le soin de recueillir les souvenirs et les témoignages de ceux qui avaient connu et honoré la statue primitive, a pu incomber aux Moines Cassianites, du VIII° au IX° siècle, au moment du rétablissement du culte dans les Catacombes (1).

Dans tous les cas, ce devoir et cette obligation passèrent, au milieu du X° siècle, aux successeurs des Cassianites ; — aux Bénédictins; à ces admirables mainteneurs de tout ce qui est digne d'estime dans le passé, ou capable d'être utile et de consoler les fidèles dans l'avenir.

Soit que notre reconnaissance doive remonter aux Cassianites ou s'arrêter aux Bénédictins, (au sujet de la statue actuelle), un tel sentiment ne saurait être que des plus vifs et des mieux sentis ; car nous croyons pouvoir affirmer que, leur œuvre pieuse est de nature à répondre, à tous les désirs de l'esprit et du cœur (2)

Notre statue de Notre-Dame-des-Confessions serait *scientifiquement parlant*, ce que l'Église Grecque nomme une *Icone*, c'est-à-dire une image primitive, ou une copie faite plus au moins anciennement, mais d'une manière très exacte, d'après un type primitif, dont cette image est appelée à perpétuer tous les caractères.

Suivant une locution Catholique léguée par le Moyen-Age, notre statue de Notre-Dame-de-Confession, est : *Une Majesté*. — Posée pour recevoir nos hommages, elle se trouve assise ; et ses genoux servent de Trône, au Sauveur que nous avons à supplier par son intermédiaire.

Le genre sculptural des Vierges Assises est des plus primitifs. — La plus ancienne image de la Vierge, dans les Catacombes de Rome, comme cela résulte d'une citation ci-avant faite, est une Vierge Assise, avec l'enfant Jésus placé sur ses genoux et se retournant vers nous pour nous bénir, — comme l'enfant Jésus de la Vierge des Catacombes de Marseille !

L'attitude assise avait dû être imposée d'autant plus facilement, aux

(1) L'origine Cassianite reculerait de cent ans l'époque de l'exécution artistique de la statue de N.-D.-de-Confession. — Ce ne serait point à dédaigner, comme sujet d'étude de l'art.

(2) Aux altérations près, produites par le temps, la statue que nous vénérons est telle qu'elle a été acceptée, dès le commencement de l'époque Bénédictine, par deux Saints qui ont été successivement abbés de Saint-Victor, Wiffred et Isarn. — Cette seule considération devra suffire pour lui assurer à toujours la vénération des Marseillais.

premiers chrétiens, par les peintres ou sculpteurs païens, qu'aux plus belles époques de l'art antique, l'idée de la Majesté Divine reposant sur un trône, avait prévalu. — On ne représentait pas autrement les plus grandes Divinités. — La Diane d'Ephèse était assise. — Cette idée de la vierge assise, une fois acceptée par les chrétiens, leur devint chère, puisque, au sortir même des Catacombes, elle se propagea partout, aussi bien en Europe qu'en Orient.

Nous ne tarderons pas davantage de dire que nous avons vu, de nos yeux, en France, en Italie et à l'étranger, des Vierges Assises des plus nombreuses, sans en trouver aucune qui mérite plus, (quant à ce caractère), que sous de bien d'autres rapports, de provoquer des réflexions les plus chrétiennes sans cesser d'être les plus approfondies quant à la science iconologique !

La statue de la Vierge, ressemblant le plus à la Vierge des Catacombes de Marseille, est, d'après nous, celle de *Notre-Dame-de-Dessous-Terre*, à Chartres.

Afin que l'on puisse plus facilement en juger, voici la description de cette statue, donnée en l'an 1700 par un historien de la ville de Chartres, le sieur Pintard, pages 40 et 41 d'un mémoire des plus savants.

« Dans la chapelle spécialement érigée en son honneur, dit-il, la vé-
« nérable image qui s'y voit élevée dans une niche au-dessus de l'autel,
« est faite de bois, que le temps a rendu de couleur enfumée. La Vierge
« est dans une chaise, tenant son fils assis sur ses genoux, qui, de sa
« main droite, donne la bénédiction et de la gauche porte le globe du
« monde. Il a la tête nue et les cheveux fort courts ; (1) la robe qui lui
« couvre le corps est toute close et replissée par la ceinture ; son visage,
« ses mains et ses pieds, qui sont découverts, sont de *couleur d'ébène,*
« *grise, luisante.* La Vierge est revêtue par dessus sa robe d'un man-
« teau à l'antique, en forme de dalmatique, qui, se retroussant sur ses
« bras, semble arrondie par devant sur ses genoux, jusqu'où elle des-
« cend. Le voile qui lui couvre la tête porte sur ses épaules, d'où il se
« rejette sur le dos, son visage est extrêmement bien fait et bien pro-
« portionné, en ovale, de couleur *noire* luisante, sa couronne est toute
« simple, garnie par le haut, de fleurons en forme de feuilles
« d'ache (2). La chaise a *quatre piliers, dont les deux derniers ont*
« *vingt-trois pouces de hauteur sur un pied de largeur, compris la*
« *chaise.* Elle est creusée par derrière, comme si c'était une écorce
« d'arbre de trois pouces d'épaisseur, travaillée en sculpture. (1) La
« statue a *vingt-huit pouces, neuf lignes de hauteur.* »

(1) L'Enfant Jésus de Notre-Dame-de-Confession, offre dans la coupe de ses cheveux, par étages ou zones circulaires, une particularité, qui est d'autant plus ligne de remarque, qu'elle se retrouve dans des statues ou des bas-reliefs antiques représentant de jeunes Romains.

(2) La couronne de Notre-Dame-de-Confession, exactement d'ailleurs de la même forme que celle de Notre-Dame-de-Dessous-Terre, a été limée tout au tour, très-anciennement, — pour recevoir une couronne de métal, — ce fait remonte peut-être à l'époque où l'usage des couronnes fermées a prévalu.

Les parties de cette description qui ne sont pas rigoureusement applicables à la statue de Notre-Dame-de-Confession ont été soulignées à l'aide de lettres italiques.

Ainsi l'on voit la Vierge de Chartres assise sur un siége antique d'une forme qui n'est pas celle, non moins antique, du trône de la Vierge de Marseille. — Il fallait en outre signaler que la Vierge des Catacombes de Marseille est un peu plus grande de taille; et surtout qu'elle doit, moins que *Notre-Dame-de-Dessous-Terre* de Chartres, être mise au nombre des Vierges Noires.

Nous ne rapporterons pas ici ce qui a été dit d'une manière plus ou moins docte, relativement au symbolisme de Vierges Noires ; car nous ne saurions, dans notre conviction personnelle, classer, même *Notre-Dame-de-Chartres*, au nombre des Vierges, rigoureusement dites : Vierges Noires. — La teinte noire étant là, accidentellement acquise, par la statue, et pas du tout intentionnellement imposée au sculpteur dès l'origine !

Quant à Notre-Dame-de-Confession, elle n'a pas encore reçu du temps une couleur vraiment noire, et l'on doit, tout au plus, la mettre au nombre de ces statues polychromes très soignées, qui, auraient été revêtues primitivement de couleurs à base minérale, c'est-à-dire poussant au noir.

L'artiste aurait-il voulu donner, à la carnation, le teint asiatique ? — L'effet des années dépasserait maintenant son désir (2).

Dans tous les cas on peut affirmer qu'à Marseille le nom de *Vierge-Noire* est devenu populaire, pour la statue de Notre-Dame-de-Confession, surtout afin d'affirmer sa grande ancienneté. — Les générations précédant la nôtre, étaient trop intelligentes pour avoir voulu qu'il en fut autrement.

En dehors du nom même de Notre-Dame-de-Confession, la dénomination la plus acceptée, pour cette statue, a été celle de *Notre-Dame-du-Feu-Nouveau* ; en provençal *Nouestro-Damo-de-Feu-Nou*. Feu-Nou, par contraction de : *Fuech-Noou* (Feu Nouveau).

Feu-Nou a été dit, comme qualification de Notre-Dame-de-Confession, par suite de l'usage ancien et particulier à l'Abbaye de Saint-Victor et consistant à bénir, avec la même solennité que pour le Cierge Pascal, dans la Semaine Sainte, le Feu devant servir à allumer les Cierges de la Chandeleur.

Les vieux Marseillais ont raconté, aux anciens d'aujourdhui, qu'avant 1793, on avait coutume d'apporter, chez soi, de la Crypte de Saint-Victor, en même temps que des Cierges Verts, un peu de *feu nouveau* ; du feu béni le 2 février !

(1) Les statues en bois qui ont été évidées à l'intérieur, après coup, pour en diminuer le poids, et permettre de les porter plus facilement en procession, sont nombreuses en France et ailleurs.

(2) Il est quelques statues de la Vierge, dont le visage, se trouve d'un brun un peu forcé, et qui cependant n'ont jamais dû être des Vierges Noires.

Il ne devrait pas être nécessaire d'observer formellement que, {l'origine de la dénomination de Feu-Nou, est sans rapport avec l'essence particulière du bois qui a servi à faire la statue de Notre-Dame-de-Confession. — Quoique cela nous croyons utile d'entrer dans quelques détails au sujet de la nature même de ce bois ; détails qui auront toujours l'avantage de répondre à certaines allégations mal fondées.

L'Artiste, qui a sculpté notre statue vénérée, s'est servi d'une tige jeune et vigoureuse de noyer ; tige attachée à une souche mère beaucoup plus ancienne. — Le tout forme un seul bloc de bois qui, vu dans l'intérieur, comme le permet l'excavation du dos de la statue, présente des singularités des plus étranges. — Le bois, noir compacte à la base de la statue, devient presque blanc et spongieux au sommet. — Le canal médulaire, du milieu de la nouvelle tige est si fort qu'on douterait qu'il s'agit de bois, (essence de noyer), si l'on n'appercevait pas en même temps la souche mère, point de départ de la végétation entière !

En présence de telles anomalies de végétation, on a pu croire à la legère, à l'emploi d'une tige de *bois de fenouil*, pour y tailler notre statue, sans se mettre en peine de savoir si du fenouil à l'état de bois a jamais existé. — Mais passons à des observations plus intéressantes, quant à la matérialité de l'exécution de la statue.

L'Artiste, dans la prévision des fissures, qui se manifesteraient à la surface du bois, ou bien, par suite de son mode d'opérer habituel, a recouvert, son premier travail de ciselure, d'une couche épaisse de préparation blanchâtre ; préparation fouillée au ciseau après solidification, pour arriver à donner à la statue, la dernière expression, avant de la mettre en couleur. De là des altérations par trop graves — que nous avons à déplorer, surtout en présence de la main gauche rendue méconnaissable, — mais que nous ne conseillerons pas de réparer !

Malgré un tel état de dégradation on peut parfaitement reconnaître les couleurs diverses des vêtements de la Vierge et de l'enfant Jésus, aussi bien que les belles ornementations de ces mêmes vêtements.

Le voile a été blanc, le manteau ou pallium est azur foncé, et la tunique *verte*, d'une nuance délicate et harmonique, permettant sa juxta position avec la couleur du manteau.

Tous les vêtements ont des bordures très ouvragées tracées en or ; — sur le manteau on voit des étoiles d'or, à six raies, semées avec abondance ; — sur la tunique verte des niellures ou dessins en or arrivent à former, vis-à-vis du cœur de la Vierge, une grande et belle fleur avec sa tige caractéristique.

La tunique, de l'enfant Jésus, aussi de couleur verte est enrichie de niellures d'or qui, — également à la place du cœur, — représentent une fleur avec une tige.

Nous avons dit, ailleurs, ce qu'il est permis de penser de la couleur de ces tuniques, et de ces fleurs accompagnées de leurs tiges, citant à cette occasion le passage bien connue du prophète Isaïe ! — Ici nous nous bornerons à arrêter pieusement la pensée des fidèles, sur le pas sage du Cantique des Cantiques, chapitre II. 12 : *Flores apparuerunt in terra nostra,* — des fleurs qui apparaissant ici-bas pour relever notre courage ; pour nous redonner l'espérance...

La statue de Notre-Dame-de-Confession est bien telle qu'on doit s'attendre à la trouver, dans les Catacombes de Marseille; tout savant de bonne foi en conviendra avec nous.

Les Bénédictins ont toujours entouré cette statue d'un très grand respect; ainsi il était d'un usage des plus antiques de leur part de descendre dans la crypte, — à la fin de chaque Office, — pour venir saluer la Reine de ces lieux...

Une Confrérie des plus nombreuses et des plus anciennes chargée jusqu'en 1790 de propager le culte de Notre-Dame-de-Confession et d'en assurer la solennité, accomplissait en même temps les plus grandes œuvres charitables. — Cette même Confrérie avait la garde du Trésor de Notre-Dame-de-Confession déposé dans le Souterrain. — Ce trésor composé de bijoux, sans nombre du plus grand prix, comprenait une statue en argent, presque de grandeur de nature, qui avait été donnée en 1658 par un membre de la famille Jarente, en retour de grâce reçue.

Toutes ces richesses merveilleuses furent, plus ou moins exactement, portées à la Monnaie, pour venir, soi-disant en aide, à l'Etat (1).

La Crypte de l'Abbaye de Saint-Victor fut envahie et dévastée peu avant le moment où les Eglises furent fermées sous le prétendu *Règne de la Liberté,* comme pour en appliquer les prétendus principes.

Ce fut, peut-être, alors que la statue de Notre-Dame-de-Confession perdit la main droite destinée à recevoir un sceptre ou un bouquet ; — mais mieux un sceptre, si on en juge d'après bon nombre de statues assises, des plus vénérées.

Dans le but d'empêcher de plus grands outrages envers la statue de Notre-Dame-de-Confession, le citoyen Gaillard, alors officier municipal, la fit enlever du Souterrain, et la cacha chez lui, jusqu'au moment où, les Thermidoriens ayant laissé rouvrir quelques Eglises, il crut pouvoir déclarer publiquement le précieux dépôt, qu'il conservait à son domicile !

La statue de Notre-Dame-de-Confession fut aussitôt portée, en triomphe, à la Major, pour tout le temps de la fête de la Purification ; — le citoyen Gaillard se réservait de la reprendre après l'Octave, de telle sorte qu'il lui fut possible de la faire replacer *plus tard* à Saint-Victor (2).

Lorsque M. Gaillard voulut, après l'Octave de la Purification, reprendre la statue de Notre-Dame-de-Confession, les membres d'une Commis-

(1) Le dépouillement de Notre-Dame-de-Confession fut consommé, le 20 janvier 1794, comme le constate le procès-verbal du 20 pluviose an 2, déposé aux archives de la Préfecture des Bouches-du-Rhône.

(2) *Dans ce moment* à Saint-Victor la Crypte abritait des galériens et l'Eglise Supérieure servait de magasin pour les fourrages de l'armée !

sion, dite du Culte, refusèrent de la rendre, sous prétexte qu'elle ne pouvait appartenir à un particulier. — Le fait fut dénoncé au Receveur des Domaines, qui déclara la statue Propriété Nationale.

Mise alors sous le séquestre, la statue de Notre-Dame-de-Confession, fut ensuite vendue à l'enchère publique et adjugée à M. Laforet, à un autre officier municipal. — Ce nouveau propriétaire, voulut bien, dès que les temps devinrent moins sombres pour les chrétiens fidèles, donner la statue pour qu'elle fut exposée dans une Chapelle.

Notre-Dame-de-Confession trouva successivement asile dans diverses Eglises, parmi lesquelles on cite celle des Bernardines, d'où elle aurait passé dans l'Eglise provisoire de Saint-Roch, rue Sainte, et enfin dans une autre Eglise provisoire, Saint-Jérôme, aujourd'hui Saint-Charles.

C'est de Saint-Jérôme qu'elle fut portée, en grande pompe, le 20 janvier 1804, fête de la Pentecôte, à Saint-Victor, et placée d'abord dans l'Eglise Supérieure.

La Crypte, après avoir servi de prison ou de caserne à des galériens était dans un état de dévastation qui allait jusqu'à compromettre la solidité des murailles et des voûtes. — Les réparations les plus indispensables ayant eu lieu, Mgr de Bausset, Archevêque d'Aix, le 2 février 1822, fit réintégrer la statue chez elle, au centre des Catacombes de Marseille.

Elle n'en doit plus sortir que pour venir dans l'Eglise Supérieure, chaque année, un jour de l'Octave de la Chandeleur, recevoir les hommages des fidèles que l'âge ou des infirmités empêcheraient de descendre dans l'Eglise Souterraine.

Depuis que Notre-Dame-de-Confession a repris possession de son domicile près de vingt fois séculaire, elle est l'objet d'hommages, de plus en plus grands, de plus en plus nombreux, d'année en année.

Des témoignages si légitimes, en retour des faveurs toujours plus libéralement accordées, ne sauraient s'arrêter jamais.

Il nous sera permis en finissant, d'exprimer le souhait que Mgr Robert, si savant, si zélé pour la consécration de toutes nos gloires religieuses, puisse obtenir, bientôt, de Rome, le Couronnement de *Notre-Dame-de-Confession* ; et que, dès à présent, Sa Grandeur veuille bien autoriser un Comité d'hommes, amis de Marie, à faire exécuter une reproduction rigoureuse de la statue telle qu'elle a dû être au X° siècle.

Cette reproduction déposée, à toujours, dans une salle d'honneur du Palais Episcopal de Marseille, pourrait être visitée avec intérêt par les personnes qui ne se rendent pas exactement compte de l'état actuel de la statue de Notre-Dame-de-Confession.

Mʳ DE JESSÉ CHARLEVAL,

Marseille, 2 février 1883.

83